AF197892

Das Fußballturnier

Alles Digitale zu diesem Buch kann auf der Lernplattform
allango von Ernst Klett Sprachen abgerufen werden. So geht's:

| QR-Code scannen oder **www.allango.net** aufrufen | Buchtitel oder ISBN in der Suche eingeben und auf das Buchcover klicken | Zum Inhalt navigieren, direkt abrufen oder speichern |

Dieses Symbol bedeutet, dass zu einem Buch-Abschnitt
ein digitaler Inhalt verfügbar ist: **Hörspiel, Lösungen und weitere Extras**.

1. Auflage   6 | 2025

Alle Drucke dieser Auflage sind unverändert und können im Unterricht
nebeneinander verwendet werden.
Die letzte Zahl bezeichnet das Jahr des Druckes. Das Werk und seine Teile sind
urheberrechtlich geschützt. Jede Nutzung in anderen als den gesetzlich zugelassenen
Fällen bedarf der vorherigen schriftlichen Einwilligung des Verlages.

Die in diesem Werk angegebenen Links wurden von der Redaktion sorgfältig
geprüft, wohl wissend, dass sie sich ändern können. Die Redaktion erklärt hiermit
ausdrücklich, dass zum Zeitpunkt der Linksetzung keine illegalen Inhalte auf den zu
verlinkenden Seiten erkennbar waren. Auf die aktuelle und zukünftige Gestaltung,
die Inhalte oder die Urheberschaft der verlinkten Seiten hat die Redaktion keinerlei
Einfluss. Deshalb distanziert sie sich hiermit ausdrücklich von allen Inhalten aller
verlinkten Seiten, die nach der Linksetzung verändert wurden. Diese Erklärung gilt für
alle in diesem Werk aufgeführten Links.

© Ernst Klett Sprachen GmbH, Rotebühlstraße 77, 70178 Stuttgart 2020
Alle Rechte vorbehalten. Die Nutzung der Inhalte für Text- und Data-Mining ist
ausdrücklich vorbehalten und daher untersagt.
www.klett-sprachen.de

Autorin: Angelika Allmann

Redaktion: Benjamin Linhart
Layoutkonzeption: Sabine Kaufmann
Illustrationen: Andrea Naumann, Aachen
Gestaltung und Satz: DOPPELPUNKT, Stuttgart
Umschlaggestaltung: Sabine Kaufmann
Tonregie und Schnitt: Gunther Pagel, Top10 Tonstudio, Viernheim
Sprecher: Christian Birko-Flemming
Druck und Bindung: Plump Druck & Medien GmbH, Rheinbreitbach

Printed in Germany
ISBN 978-3-12-674942-8

Förderung
nachhaltiger
Waldbewirtschaftung

PEFC/04-31-3752   www.pefc.de

Angelika Allmann

Das Fußballturnier

leicht & klasse A1

Ernst Klett Sprachen
Stuttgart

Inhalt

Die Personen ... 6

1 Kommt doch heute Abend zu mir! ... 8

2 Der Fernsehabend ... 11

3 Das Spiel beginnt ... 13

4 Die Rettung kommt ... 15

5 Was ist auf dem Rathaus los? ... 18

6 Was machen Lukas und Henri? ... 20

7 Wie heißt unser Team? ... 22

8 Jetzt wird es ernst! **24**

9 Wir müssen los! **26**

10 Wohin fährt Kim? **27**

11 Wir dürfen nicht verlieren **29**

12 Nach der Halbzeit **30**

13 Super gemacht! **32**

14 Wir sind die Besten! **35**

LANDESKUNDE **37**

Übungen **39**

Die Personen

Kims **Papa**

Kim spielt Fußball beim FC2. Sie spielt sehr gut und schießt viele Tore. In ihrer Freizeit macht sie viel mit ihren Freunden Marie, Henri und Lukas.

Kims **Mama**

Kims Bruder **Leo**

Marie ist Kims beste Freundin. Sie spielt auch Fußball beim FC22. Sie ist Torhüterin.

Henri ist Lukas' bester Freund. Er mag Sport und spielt gerne Fußball. Sein Haustier ist ein Papagei.

Lukas ist Henris bester Freund. Seine Hobbys sind Computer und Fußball spielen.

1 Kommt doch heute Abend zu mir!

Heute Abend hat Kim ihre Freunde eingeladen. Es spielt der FC Bayern München gegen den FC Barcelona. Eigentlich dürfen sie nicht so viel fernsehen. Aber heute ist Champions League und da machen die Eltern eine Ausnahme[1].

Nach der Schule verabreden sich die vier Freunde für den Fernsehabend.

- Ihr kommt ja heute Abend alle zu mir.
- Ich freue mich schon sehr auf das Spiel.
- Ja, ich mich auch. Kann ich etwas mitbringen?
- Komm doch schon um 16.30 Uhr und bring Äpfel und Mehl mit! Dann backen wir einen Kuchen.
- Ich bringe meinen Papagei mit.
- Alles klar! Zieht eure Trikots an! Das ist sehr wichtig. Bis später!

Kim geht zu ihrem Fahrrad und fährt los. Um 13.30 Uhr kommt sie nach Hause. Ihre Mutter wartet schon mit dem Mittagessen auf sie. Es gibt Omelette, Brot und grünen Salat. Nach dem Essen geht Kim in ihr Zimmer und macht Hausaufgaben. Morgen schreiben sie vielleicht in Französisch einen Vokabeltest. Französisch ist nicht ihr

---

1 die **Ausnahme, -n:** *hier:* ein besonderer Tag

Lieblingsfach. Trotzdem lernt sie die 50 neuen Wörter mit der App auf ihrem Handy.

Nach dem Lernen geht sie in die Küche und zieht ihre rote Schürze an. Dann klingelt es an der Haustür. Schnell läuft Kim zur Tür.

- Hallo Marie! Wie geht's? Komm rein.
- Bist du schon fertig?
- Du kommst genau richtig! Hast du alles für den Apfelkuchen?
- Hier ist alles, was wir dafür brauchen.
- Perfekt!

Marie geht in die Küche und legt die Tasche mit den Äpfeln auf den Küchentisch. Dann holt sie Mehl, Backpulver, Zucker und Butter aus der Tasche. Aus dem Kühlschrank holt Kim noch zwei Eier und Zitronensaft. Kim nimmt ihr Handy und sucht nach einem einfachen Rezept im Internet.

- Hier ist ein einfaches Rezept. Das nehmen wir!
- Das hört sich gut an.

Die Mädchen sind sehr kreativ und nach einer Stunde ist der Kuchen fertig. Er sieht richtig toll aus. Hungrig stehen beide vor dem Apfelkuchen.

Der Fernsehabend 2

Kims Mutter kommt in die Küche. Zuerst war sie beim
Friseur. Dann war sie im Supermarkt und hat für den
Fernsehabend eingekauft. Der Korb ist voll. Sie stellt ihn
auf den Tisch und packt alles aus.

- Wir müssen uns beeilen. In 40 Minuten beginnt
  das Spiel.
- Ich mache die Käsebrote.
- Und ich räume noch die Küche auf.
- Das ist eine gute Idee!
- Schau mal, wir haben einen Apfelkuchen
  gebacken!
- Der sieht aber toll aus! Der schmeckt bestimmt gut!

20 Minuten später geht die Haustüre auf. Im Flur hören sie
ein Gespräch. Es sind Kims Vater, Lukas und Henri. Bilbo,
Henris Papagei, sitzt auf seiner Schulter. Sie sprechen
natürlich über Fußball. Die Mutter geht an ihnen vorbei.
Sie muss noch schnell den Müll wegbringen.

- Herzlich willkommen! Geht doch gleich ins
  Wohnzimmer! Da könnt ihr es euch gemütlich
  machen. Wir kommen auch gleich.
- Gerne, vielen Dank!
- Dankeschön!
- Wir kommen gleich.

Etwas später kommt Kim mit den Getränken ins
Wohnzimmer und dann Marie mit den Käsebroten. Sie
stellen alles auf den Wohnzimmertisch und setzen sich zu
den Jungs aufs Sofa. Kims Eltern und ihr kleiner Bruder
Leo sind natürlich auch dabei und setzen sich dazu. Das
Spiel beginnt in 5 Minuten. Millionen von Menschen
sehen heute das Fußballspiel am Fernseher. Kim nimmt die
Fernbedienung[2] und schaltet den Fernseher ein.

---

2   **die Fernbedienung, en:** kleines Gerät, um den Fernseher aus der
Ferne an und aus zu machen.

Das Spiel beginnt 3

Um 18.55 Uhr stehen alle Spieler auf dem Fußballplatz in einer Reihe. Alle hören das Champions League-Lied. Dann gehen die Spieler aneinander vorbei und begrüßen sich. Danach geht jeder auf seine Position.

Der Schiedsrichter[3] schaut auf seine Uhr. Pünktlich um 19.00 Uhr beginnt das Spiel. Am Anfang ist es langweilig. Doch plötzlich wird es gefährlich für den FC Bayern München.

- Achtung, ein Ball von links!
- Nein, das kann nicht sein!
- Vorsicht, der Ball!
- Gott sei Dank haben wir einen guten Torwart!

Der FC Barcelona hat eine Chance in der 16. Minute. Da hatte der FC Bayern nochmal Glück, denn der Ball war nur 10 Zentimeter am Tor vorbei. Die Freunde sind froh. Das darf nicht mehr passieren! In der 45. Minute schießt der Spieler von Bayern München mit der Trikotnummer 11 knapp am Tor vorbei.

---

3   der **Schiedsrichter, -** / die **Schiedsrichterin, -nen:** Jemand, der neutral ist, das Spiel leitet und darauf achtet, dass sich alle an die Regeln halten.

- Oh nein, das kann nicht sein!
- Wie soll das nur weitergehen?
- Wir gewinnen bestimmt!

In der Halbzeit steht es 0:0. Alle sind nervös und sprechen über die guten Chancen, die sie verpasst haben. Leider haben die Spieler momentan kein Glück.

Kim und ihre Mutter gehen in die Küche und kommen nach 2 Minuten zurück.

- So, jetzt gibt es Schokoladeneis für eure Nerven.
- Und hier ist ein Apfelkuchen. Den haben Marie und ich gebacken
- Ja, das brauchen wir jetzt.
- Das ist eine gute Idee!

Jeder nimmt ein Stück Kuchen und ein Eis. Es schmeckt so lecker. Im Fernseher spricht ein Reporter mit einem wichtigen Fußballspieler einer anderen Mannschaft. Sie sprechen über die ersten 45 Minuten. Das Gespräch ist interessant und alle schauen auf den Fernseher.

Plötzlich ist alles ruhig. Was ist passiert?

Die Rettung kommt 4

Sie schauen sich gegenseitig an. Der Fernseher zeigt
kein Bild und ist schwarz. Kim steht auf und geht zum
Fernseher. Sie versucht immer wieder den Fernseher
einzuschalten. Aber er zeigt weiterhin kein Bild und ist
schwarz.

- So ein Mist!
- Schade, jetzt verpassen wir das ganze Spiel.

Kims Vater nimmt sein Handy und ruft jemanden an.

- Kannst du mal bitte schnell zu uns kommen?
  Wir brauchen dringend deine Hilfe!

Kurze Zeit später steht der Nachbar vor der Tür. Er ist
Techniker von Beruf und sehr sympathisch. Gleich öffnet
er den Fernseher und schaut ihn genau an.

- Wie alt ist der Fernseher?
- Ich glaube, der ist schon 15 Jahre alt.
- Vielleicht musst du einen neuen kaufen. Neue
  Fernseher gibt es schon für 300 Euro!
- Ja, vielleicht. Du hast Recht. Aber was machen wir
  jetzt?
- In meinem Arbeitszimmer steht noch ein alter
  Fernseher. Den bringe ich euch gleich.

Die Freunde finden es schrecklich. Sie suchen auf ihren Handys nach Informationen. Leider wird dieses Spiel nicht überall gezeigt. Erst morgen kann man die Tore im Internet ansehen. Nach fünf Minuten ist der Nachbar wieder da.

- Na endlich!
- Bleibt cool! Gleich geht´s weiter!

Korrekt schließt er seinen alten Fernseher an. Es dauert nicht lange, bis alle wieder ruhig vor dem Fernseher sitzen. Der Nachbar bleibt gleich da und bekommt noch ein Stück vom Apfelkuchen.

Leider haben sie das erste Tor nicht gesehen. Der Reporter spricht immer wieder von der 69. Minute. Der Spieler vom FC Bayern München mit der Nummer 9 hatte das 1:0 geschossen. Die Vorlage[4] zum Tor war von Nummer 25.

Im Moment ist das Spiel sehr interessant und alle schauen zu, wie gut Bayern München spielt. Manchmal sieht man den Trainer. Er geht hin und her und schaut immer auf seine Uhr.

---

4   die **Vorlage, -n:** *im Fußball:* Ein Spieler spielt den Ball perfekt zu einem anderen Spieler.

In der 88. Minute kommt noch einmal ein neuer Spieler
vom FC Bayern auf den Platz. Er hat die Trikotnummer 14.
Sofort läuft er links in Richtung Tor. Von der rechten Seite
schießt die Nummer 32 den Ball zu ihm. Dieser stoppt
den Ball und dreht sich um den Spieler von FC Barcelona.
Dann schießt er mit seinem linken Fuß aufs Tor. Der Ball
rollt und rollt und …

- Tooor!
- Tor! In der 89. Minute!
- So ein Glück!

Noch eine Minute und dann ist das Spiel zu Ende.

Das Spiel ist aus. Der FC Bayern München hat gewonnen.
Alle stehen auf und umarmen sich.

Freiwillig räumen die Freunde noch schnell das
Wohnzimmer auf. Dann gehen sie und der Nachbar nach
Hause. Morgen ist wieder Schule, aber die beginnt erst
um 9.45 Uhr. Die Biolehrerin ist krank, deshalb beginnt
der Unterricht zwei Stunden später.

5 Was ist auf dem Rathaus los?

Ein Monat später.

Nach der Schule treffen sich Kim, Marie und Henri im Jugendtreff⁵. Es ist Frühling und die ersten Vögel kommen aus Afrika zurück. Auch in diesem Jahr sind schon wieder viele in Erfurt zu sehen.

- ● Habt ihr die beiden Störche auf dem Rathaus gesehen?
- ● Ja, die sind jedes Jahr da!

---

5   **der Jugendtreff, -s:** Ort, wo sich Jugendliche in ihrer Freizeit treffen.

Kim überlegt kurz. In ihrer Fußballmannschaft haben sie schon oft über einen Spitznamen gesprochen. Es war nicht so einfach. Aber jetzt hat sie eine super Idee.

- Wir nennen uns „Die Störche".
- Das ist ja ein Vogelname? Dann könnt ihr euch gleich „Die Papageien" nennen.
- Aber „Die Störche" passt perfekt zu uns. Unser Trikot ist weiß, die Hosen sind schwarz und die Stutzen[6] rot.
- Das ist super gut! Kim, du hast immer die besten Ideen!

Schnell nimmt Kim ihr Handy und schreibt eine Nachricht an alle Spielerinnen.

Hallo Team!
Wir brauchen doch einen
Spitznamen für unser Team.
Was haltet ihr von „Die Störche"?
Wir sehen uns beim Training.
Kim

---

6   der **Stutzen, -:** Strumpf beim Fußballspielen

6 Was machen Lukas und Henri?

Wenn Lukas alleine ist, sitzt er immer an seinem Computer. Meistens spielt er ein Computerspiel. Das findet er klasse und hat immer Spaß. Egal ob er gewinnt oder verliert.

Das Wetter ist schön und Henri möchte draußen spielen. Er ruft Lukas an

- Was machst du gerade?
- Ich spiele Fußball am Laptop.
- Komm zu mir! Wir können draußen Fußball spielen.
- Okay! Ich bin in 10 Minuten bei dir.

Henri wohnt gleich in der Nähe, in der Hauptstraße 23.
Das Haus ist alt, aber schön. Als Lukas vor dem Garten
steht, sieht er schon seinen besten Freund. Mit einem
Fußball spielt er gegen das Haus. Es dauert nicht lange bis
Lukas den Ball hat. Plötzlich kommt Henris Großvater aus
dem Haus.

- Ich habe dir doch verboten gegen das Haus zu
  schießen!
- Ja, aber uns ist langweilig und wir wollen spielen.
- Dann spielt etwas anderes oder geht auf den
  Fußballplatz!
- Entschuldige bitte! Ja Opa, das machen wir.
- Seid leise!

Die beiden Freunde schauen sich an.

- Mein Großvater ist sonst sehr gut drauf, aber
  meine Großmutter ist seit zwei Wochen krank.

Dann gehen sie auf den Fußballplatz und üben aufs Tor zu
schießen. Dort haben sie viel Spaß und können laut sein.

7 Wie heißt unser Team?

Am Dienstagnachmittag gehen Kim und Marie ins Training. Vor dem Training treffen sich die Spielerinnen und sprechen natürlich zuerst über den Spitznamen. Viele finden ihn gut. Tina, die jüngste Spielerin hat eine andere Idee.

- Warum nennen wir uns nicht „Die Katzen"?
- Das klingt ein bisschen komisch.
- Wir tragen doch weiße Hemden, schwarze Hosen und rote Stutzen.
- Wie die Störche!

Tom, der Trainer, wartet schon auf sie.

- Den Namen für unser Team besprechen wir nach dem Training!

Das Training ist heute sehr wichtig. Am Samstag ist ein Fußballturnier in Weimar. Da müssen sie topfit sein. Die Mädchen spielen gut zusammen.

Immer wieder spricht Tom mit den Spielerinnen und hat neue Ideen. Er ist sehr zufrieden. Deshalb beendet er das Training 5 Minuten früher.

- Euer Spiel gefällt mir richtig gut! So und jetzt sprechen wir über den Spitznamen. Wie wollen wir heißen?
- Ich denke „Die Störche".
- Wunderbar! Das passt auch gut zu unserem Trikot.

Die Spielerinnen sind sich einig. Es gibt keinen besseren Namen für das Team! Außerdem gefällt der neue Spitzname auch ihrem Trainer. Jetzt sind sie für das Turnier am Samstag in Weimar perfekt organisiert.

8 Jetzt wird es ernst!

Kim ist heute sehr nervös und kann nicht frühstücken. Die Mädchen der anderen Fußballmannschaften spielen sehr gut Fußball. Es wird nicht einfach sein zu gewinnen.

- Wo ist denn mein Handy?

Sie schaut unter das Bett, dann in den Schrank, zum Schluss in ihre Tasche. Leider kann sie es nicht finden.

Es ist schon spät. Schnell nimmt sie ihre Tasche und geht aus dem Haus. Pünktlich um 9 Uhr fährt Kim mit ihrem Fahrrad zum Sportverein. Hier trifft sich die Mannschaft vom FC22 und zusammen wollen sie mit dem Bus nach Weimar fahren. Plötzlich bremst Kim und fällt vom Fahrrad. Ein schwarzes Auto hält vor ihr. Kim hat das Auto nicht gesehen und ist mit ihrem Fahrrad in die Autotür gefahren. Sofort steigt die Autofahrerin aus.

- Oje, ist alles okay?
- Entschuldigung, ich habe Sie nicht gesehen! Mir ist nichts passiert.
- Bin ich froh! Dann ist es ja nicht so schlimm, wie es aussieht.
- Und was ist mit Ihrem Auto?
- Alles gut! Da ist nichts passiert.

Sofort steht Kim auf und möchte weiterfahren. Doch dann setzt sie sich wieder neben ihr Fahrrad und hält mit ihrer linken Hand ihr linkes Knie. Ihre neue Jeans hat auch ein Loch.

- Was ist los?
- Ich habe Knieschmerzen.
- Komm steh auf! Ich fahre dich ins Krankenhaus.

Langsam steht Kim wieder auf und steigt in das Auto ein. Die Autofahrerin ist sehr freundlich. Sie nimmt Kims Fahrrad und legt es in das Auto. Dann fahren sie los.

9 Wir müssen los!

Tom schaut immer wieder auf seine Uhr. Er wartet auf Kim.

- Wo ist Kim?
- Keine Ahnung!
- In 5 Minuten fahren wir los! Kannst du sie noch am Handy anrufen?

Marie holt ihr Handy aus dem Bus. Leider antwortet Kim nicht. Dann schreibt sie eine Nachricht an ihre Freundin.

Nochmal schaut Tom auf seine Uhr. Er ist genervt. „Das hat Kim noch nie gemacht", denkt er sich und geht zum Busfahrer. Leise unterhalten sich beide. Dann kommt er zurück.

- Alle einsteigen, wir fahren los!
- Und Kim?
- Wir können nicht mehr länger warten.

Immer wieder schaut Marie auf ihr Handy, aber leider antwortet Kim nicht. Alle Spielerinnen steigen in den Bus ein. „So ein Mist", denkt sich Tom. Er setzt sich vorne zum Busfahrer. Dann fährt der Bus in Richtung Weimar.

Als Kim im Auto sitzt, denkt sie nur an das Fußballturnier. Sie kann doch jetzt nicht ins Krankenhaus fahren. Das ist dumm.

- Können Sie mich bitte nach Hause fahren?
- Bist du sicher? Hier vorne ist gleich das Krankenhaus.
- Ja, bitte! Ich muss doch zum Fußballturnier nach Weimar!
- Und dein Knie? Nein, nein! Ein Arzt muss dein Knie ansehen!

Im Krankenhaus müssen sie sehr lange warten. Dann checkt eine Ärztin Kims Knie. Sie schaut es ganz genau an, aber sie kann nichts finden. Nach einer Stunde schickt sie Kim nach Hause.

Die Autofahrerin ist sehr nett und fährt Kim nach Hause in die Rathenaustraße. Der Vater öffnet die Tür.

- Was ist passiert?
- Wir hatten einen Unfall, aber alles ist okay.
- Es ist nicht so schlimm. Die Ärztin hat auch nichts gefunden.

- Vielen Dank für Ihre Hilfe.
- Fährst du mich bitte mit dem Auto nach Weimar, Papa? Es ist schon so spät!
- Ja, natürlich.

Ihre Mutter schaut sich das Knie noch genauer an. Dann geht Kim in ihr Zimmer und zieht eine andere Hose an. In der Hosentasche findet sie ihr Handy und sieht Maries Nachricht. Sofort ruft sie Marie an.

- Na endlich! Du hast Glück. Wir haben gerade eine Pause zwischen den Spielen.
- Ich hatte einen Fahrradunfall und mein Knie …
- Kommst du noch zum Turnier?
- Ja, natürlich, mein Papa bringt mich gleich mit dem Auto nach Weimar.

5 Minuten später sitzen Kim und ihr Papa im Auto.

Wir dürfen nicht verlieren 11

Sofort erzählt Marie dem Trainer die ganze Geschichte. Tom ist froh. Aber er ist sehr traurig. „Es kann nicht sein. Kim hat sich am Knie verletzt", denkt er sich.

Die Spielerinnen des FC22 gehen wieder auf ihre Positionen. Das erste Spiel war einfach und sie haben 3:1 gewonnen. Das zweite Spiel war nicht so gut. 0:0 unentschieden finden die Mädchen schrecklich. Für Kim spielt Tina mit der Trikotnummer 5. Sie spielt noch nicht lange in der Mannschaft und ist schon müde.

- Ihr seid gut. Das nächste Spiel wird alles entscheiden.
- Wir geben unser Bestes!
- Du spielst heute sehr gut, Marie. Einen guten Torwart braucht jede Mannschaft.
- Hoffentlich kommt Kim bald.

Das dritte und letzte Spiel beginnt. Der SV5 aus Weimar ist gefährlich. Die Mädchen versuchen ruhig zu bleiben. Aber der Ball will einfach nicht ins Tor. Nach 35 Minuten gibt es eine Pause. Gleich geht es weiter.

12 Nach der Halbzeit

Nicht mehr ganz so fit kommen die Mädchen zurück auf den Fußballplatz. Der Tag war lang und anstrengend. Das Spiel geht weiter.

Plötzlich steht Kim vor Tom.

- Entschuldigung, ich zieh mich schnell um.
- Nein, das geht nicht! Du bist verletzt.
- Nein, das bin ich nicht! Die Ärztin im Krankenhaus hat nichts gefunden.
- Setz dich erst mal auf die Bank!

Es ist nicht einfach für den Trainer, aber Kims Gesundheit geht vor.

Kim stellt ihre Tasche neben die Bank und bleibt neben dem Trainer stehen. „Das ist wirklich dumm gelaufen", denkt sie sich und schaut traurig. Sie lässt den Ball nicht aus den Augen.

Ein Foul in der 60. Minute und Kims Herz bleibt fast stehen. Sie kann es nicht glauben, was sie sieht. Jetzt braucht sie Nerven. Eine Spielerin vom FC22 bekommt die gelbe Karte. Es gibt einen Elfmeter. Die Spielerin des SV5 legt den Ball genau vor das Tor auf den Elfmeterpunkt.

Marie zieht noch schnell ihren rechten Handschuh nach oben. Dann öffnet sie beide Arme und geht in die Knie. Ihre Augen konzentrieren sich nur auf die Spielerin der anderen Mannschaft. Die Spielerin läuft los und schießt den Ball perfekt rechts unten aufs Tor.

13 Super gemacht!

Marie springt und hält den Ball sicher in ihren Händen. Die Spielerinnen des FC22 laufen alle zu Marie und umarmen sie.

- Marie, Marie, du bist die Beste!

Kim umarmt ihren Trainer und kann es nicht glauben, was sie gesehen hat. Marie hat den Ball gehalten.

- Das war wunderbar!
- Bitte lass mich mitspielen. Wir müssen das Spiel gewinnen!
- Bist du dir sicher?
- Ja, natürlich!

Der Trainer gibt ihr das Trikot.

- Schnell, zieh dich um!

Das Spiel dauert noch 9 Minuten. Es geht weiter. Dann rollt der Ball ins Aus. Tom wechselt die Spielerinnen. Tina mit der Nummer 5 geht vom Platz und Kim mit der Nummer 9 kommt auf den Platz. Das Team freut sich, als sie Kim sehen.

Sofort bekommt Kim den Ball und läuft zum Tor der anderen Mannschaft. Sie schießt den Ball nach rechts zur Nummer 10. Der Ball wird von der anderen Mannschaft gestoppt und rollt ins Aus.

Es gibt Ecke von rechts. Der Ball fliegt vor das Tor. Die Spielerin mit der Nummer 2 stoppt den Ball und läuft kurz nach links. Dann gibt sie eine hohe Vorlage zu Kim, direkt an ihren Kopf.

Kopfball von Kim und der Ball landet im Tor.

- Tooor!!!
- Was für ein Tor!

1:0, aber das Spiel ist noch nicht zu Ende. Deshalb müssen sich alle noch sehr konzentrieren. Der Tag war lang und sie sind schon sehr müde. Nur Kim ist fit. Sportlich läuft sie mit dem Ball über den Fußballplatz. Es ist einfach klasse, wie sie Fußball spielt. Keiner kann sie stoppen.

Dann ist das Spiel aus. Alle sind glücklich und freuen sich über den Sieg.

Ein Mann beobachtet das Spiel genau. Er geht zu Tom und redet kurz mit ihm.

Gleich danach geht Tom zu seinem Team und freut sich
mit ihnen.

- Herzlichen Glückwunsch!

Der FC22 hat das Fußballturnier gewonnen. Die
Mannschaft bekommt einen Pokal. Die Spielerinnen
freuen sich sehr.

- Ihr seid die beste Mannschaft, die ich je trainiert habe! Kim, komm doch mal bitte zu mir!
- Das Tor in der letzten Minute! Genau wie beim Champions League-Spiel!
- Gerade hat mich ein Scout[7] angesprochen. Er möchte dich kennenlernen.
- Was, mich?
- Zuerst muss ich noch mit deinen Eltern sprechen. Aber das mache ich, wenn wir wieder zu Hause sind.

Kim sieht den Trainer an. Sie kann es nicht glauben. Zuerst der 1. Platz mit ihrem Team und dann diese Nachricht. Sie geht zu ihrem Vater und fährt mit ihm zurück nach Erfurt.

- Der Tag war einfach klasse!

---

7   der **Scout, -s:** Person, die neue Talente sucht.

Fußball in Deutschland

Fußball ist der Lieblingssport der Deutschen. In zirka 25.000 Vereinen gibt es mehr als 7 Millionen Mitglieder. Viele spielen auch ohne Verein in ihrer Freizeit Fußball. Und viele schauen gerne Fußball mit Freunden, zum Beispiel im Stadion. Das größte Stadion Deutschlands ist der Signal Iduna Park in Dortmund mit 81.365 Plätzen.

Die deutsche Fußballnationalmannschaft der Männer zählt zu den besten Mannschaften der Welt. Sie waren viermal Weltmeister und dreimal Europameister.

Auch die deutschen Frauen sind eine der erfolgreichsten Fußballmannschaften der Welt. Sie waren zweimal Weltmeister, achtmal Europameister und 2016 haben sie sogar die Goldmedaille bei den Olympischen Spielen bekommen.

	Männer		Frauen	
	Welt-meister	Europa-meister	Welt-meister	Europa-meister
Jahr	1954	1972	2003	1989
	1974	1980	2007	1991
	1990	1996		1995
	2014			1997
				2001
				2005
				2009
				2013

Lies die Seiten 37 und 38. Beantworte dann
die Fragen.

1. Wie viele Fußballvereine gibt es in Deutschland?

....

....

2. Wie heißt das größte Stadion Deutschlands und wo ist
es?

....

....

....

3. Wie oft war die deutsche Fußballnationalmannschaft
der Männer Weltmeister?

....

....

....

4. Wer hat bei den Olympischen Spielen 2016 eine Goldmedaille bekommen?

....

....

....

5. In welchen Jahren war die deutsche Fußballnationalmannschaft der Frauen Weltmeister?

....

....

....

6. Wie wichtig ist Fußball in deinem Land?

....

....

....

Kapitel 1

Was passt zusammen? Verbinde.

Kim   bringt Äpfel und Mehl mit.

Die Eltern   sucht nach einem Rezept
                                       im Internet.

Die vier Freunde   machen eine Ausnahme.

Lukas und Marie   hat ihre Freunde eingeladen.

Marie   stehen hungrig vor dem
                                       Apfelkuchen.

Kim   verabreden sich für einen
                                       Fernsehabend.

Kim und Marie   freuen sich schon auf das
                                       Spiel.

Kapitel 2

Beantworte die Fragen.

1. Wo hat Kims Mutter für den Fernsehabend eingekauft?

....

2. Wie heißt Henris Papagei?

....

3. Wer spricht im Flur über Fußball?

....

4. Was stellen Kim und Marie auf den Wohnzimmertisch?

....

5. Wohin setzen sich Kim und Marie?

....

6. Wer schaltet den Fernseher ein?

....

Kapitel 3

Richtig oder falsch? Kreuze an.

	richtig	falsch
Um 19:00 Uhr beginnt das Spiel.	☐	☐
Am Anfang ist das Spiel langweilig.	☐	☐
Der FC Bayern hat einen schlechten Torwart.	☐	☐
Der FC Barcelona hat in der 16. Minute eine Chance.	☐	☐
In der 45. Minute schießt der Spieler vom FC Bayern mit der Trikotnummer 11 ein Tor.	☐	☐
In der Halbzeit steht es 1:0.	☐	☐
Die Spieler haben momentan Glück.	☐	☐
Alle essen ein Stück Kuchen und ein Eis.	☐	☐

Kapitel 4

Kreuze die richtige Antwort an.

1. Was ist der Nachbar von Beruf?

- ☐ Er ist Ingenieur.
- ☐ Er ist Mechatroniker.
- ☐ Er ist Techniker.

2. Wie viel kostet ein neuer Fernseher?

- ☐ Zweihundertfünfzig Euro
- ☐ Dreihundert Euro
- ☐ Vierhundertfünfzig Euro

3. Wie hilft der Nachbar?

- ☐ Er holt seinen alten Fernseher.
- ☐ Er repariert den Fernseher.
- ☐ Er kauft einen neuen Fernseher.

4. Was passiert in der 89. Minute?

- ☐ Der Trainer schaut auf die Uhr.
- ☐ Der FC Bayern schießt ein Tor.
- ☐ Ein Spieler hat sich verletzt.

Kapitel 5

Bringe die Buchstaben in die richtige Reihenfolge.

1. tauhsRa

2. ingFlühr

3. erchtöS

4. aiSpemntz

5. Mfschnnata

6. oitrkT

Kapitel 6

Wie bildet man den Imperativ? Ergänze die Tabellen.

du-Form	Komm zu mir!
ihr-Form	
Sie-Form	

du-Form	
ihr-Form	
Sie-Form	Entschuldigen Sie bitte!

du-Form	
ihr-Form	Seid leise!
Sie-Form	

Kapitel 7

Welches Trikot haben „Die Störche"? Schreibe auf.

rot	die Stutzen	die Fußballschuhe	weiß
die Hose	weiß	das Hemd	schwarz

Das Hemd ist ....

....

....

....

Welches Trikot hat dein Lieblingsverein? Nenne die Farben.

....

....

....

Wie heißen die Komposita? Schreibe mit Artikel.

der Fußball + die Tasche

....

der Sport + der Verein

....

das Auto + die Tür

....

das Auto + die Fahrerin

....

das Knie + die Schmerzen

....

Kapitel 9

Marie schreibt Kim eine Nachricht. Schreibe ihre Nachricht unten in die SMS.

Was macht Kim? Beschreibe die Reihenfolge.

nach Weimar	**ins Krankenhaus**
in ihr Zimmer	**nach Hause**

Zuerst fährt Kim ....

Danach fährt sie ....

Dann geht sie ....

Zum Schluss fährt sie ....

Kapitel 11

Kreuze die richtige Antwort an.

1. Hat der FC22 das erste Spiel verloren?
☐ Ja ☐ Nein

2. Wie viele Tore hat der FC22 im zweiten Spiel geschossen?
☐ keins ☐ eins ☐ drei

3. Welche Trikotnummer hat Tina
☐ drei ☐ fünf ☐ sieben

4. Ist Tina müde?
☐ Ja ☐ Nein

5. Woher kommt der SV5?
☐ Goslar ☐ Fulda
☐ Weimar ☐ Wismar

6. Nach wie vielen Minuten gibt es eine Pause?
☐ 30 ☐ 35 ☐ 45

Kapitel 12

Löse das Rätsel.

Lösungswort: [ ][ ][F][ ][ ][ ][ ][ ]

1. Was stellt Kim neben die Bank?
2. Was lässt Kim nicht aus den Augen?
3. Was ist in der 60. Minute?
4. Wie heißt der Trainer vom FC22?
5. Wer ist der Torwart vom FC22?
6. Welchen Handschuh zieht Marie noch schnell nach oben?
7. Das Gegenteil von Krankheit?
8. Was braucht Kim nach der 60. Minute?
9. Nach dem Foul in der 60. Minute gibt es einen …

Kapitel 13

Bringe die Sätze in die richtige Reihenfolge.

.... Tom wechselt die Spielerinnen.

.... Kim kommt auf den Platz.

1.. Marie hält den Ball.

.... Keiner kann Kim stoppen. Sie ist klasse.

.... Die Spielerin mit der Nummer 2 gibt eine hohe Vorlage zu Kim.

.... Der Ball landet im Tor.

.... Der FC22 gewinnt das Spiel.

.... Kim zieht sich um.

.... Kim macht einen Kopfball.

Kapitel 14

Ein Scout hat Kim beim Fußballspielen gesehen.
Wie geht diese Geschichte weiter? Schreibe
einen kurzen Text.

Nach dem Fußballspiel ...

Alle Titel der Reihe:

leicht & klasse A1
Ein Sommer mit Überraschungen
Das Fußballturnier

leicht & klasse A2
Die Klassenfahrt
Der Umzug nach Hamburg

leicht & klasse B1
Die Schatzsuche

Weitere Infos:
www.klett-sprachen.de/leicht-und-klasse

Bildnachweis
10 Shutterstock (Oksana_Schmidt), New York;
37 Shutterstock (A.RICARDO), New York